53
죽지 않는 인간, 아킬레우스

주니어RHK

신화의 가치

신화는 한 민족의 기원이나 역사적 · 종교적 · 문화적 삶의 모습을 보여 주는 옛이야기입니다. 주로 신과 영웅에 관한 이야기가 많고, 오랫동안 입에서 입으로 전해 내려왔다는 특징이 있지요.

우리가 살펴볼 그리스 로마 신화는 고대 그리스와 로마에 전해 오는 신화와 전설을 한데 묶은 것입니다. 그리스 로마 신화는 고대의 삶을 엿보게 해 주는 문화유산일 뿐만 아니라, 세계 여러 나라의 문학과 미술에 큰 영향을 끼쳤습니다. 하지만 문화적 가치만큼이나 중요한 것이 또 있습니다. 오래된 옛이야기이면서도 거기에 담긴 교훈적 가치가 오늘날에도 여전히 쓸모 있고 중요하다는 사실입니다.

놀랍지 않나요? 수천 년 전의 이야기가 어떻게 과학 문명이 고도로 발달한 오늘날에도 통하는 것일까요? 그것은 바로 그리스 로마 신화에 나오는 신과 영웅의 모습이 오늘날 우리의 모습과 다르지 않기 때문입니다. 신들도 우리처럼 분노하고, 질투하고, 실수를 하지요. 그런 모습을 보면서 우리는 깔깔 웃거나 눈물을 흘리고, 교훈과 감동을 얻습니다. 우리가 그리스 로마 신화를 읽어야 하는 까닭이 바로 이것입니다.

신화의 세계로 떠날 여러분에게 한마디 덧붙이자면, 신화는 우리에게 끝없는 상상력을 요구한다는 점입니다. 신화 속에는 수많은 은유와 상징이 곳곳에 널려 있지요. 따라서 신화를 읽을 때에는 상상력을 최대한 발휘하여 신화 속에 숨겨진 의미를 찾고, 그것을 자기 나름대로 재해석하는 과정이 필요합니다. 이렇게 읽었을 때에야 비로소 여러분 앞에 놀라운 삶의 이야기가 펼쳐질 것입니다.

자, 그럼 흥미진진한 신화의 세계 속으로 함께 떠나 볼까요?

용감한 아킬레우스는
전쟁에 나가면 일찍 죽는다는 신탁을 받았지만,
명예롭게 살고 싶어 전쟁에 나갑니다.
운명에 굴복하지 않고
자신의 뜻을 이루기 위해 나선 아킬레우스는
과연 승리할 수 있을까요?

주요 등장인물

아가멤논

아르고스 또는 미케네의 왕으로
메넬라오스 왕의 형이에요. 트로이 전쟁에
그리스 군의 총사령관으로 나가지만
아킬레우스만큼 유능하지 못해요.

테티스

바다의 신 네레우스의
딸 중 하나로
바다의 여신이에요.
마음이 따뜻하고
아름다워요. 아들
아킬레우스를 무척
사랑해요.

파트로클로스

아킬레우스의 친구로 함께 자랐어요.
아킬레우스와는 몸 바쳐
지켜 줄 만큼 가까워요.

아킬레우스

바다의 여신 테티스와 프티아의 왕
펠레우스 사이에서 태어난 아들이에요.
용맹한 전사로 트로이 전쟁에 나가요.

오디세우스

이타케 섬의 왕자로
트로이 전쟁의 영웅이에요.
슬기롭고 꾀가 많은 장군이에요.

1
영웅 아킬레우스의 탄생

'여기에 몸을 담그면 절대 죽지 않을 뿐만 아니라

상처도 입지 않는다고 했어.

혹시 무슨 일이 있더라도 내 아들은 다치지 않을 거야.'

아킬레우스는 펠레우스 왕과 바다의 여신 테티스의 아들로 태어났습니다. 아이를 몹시 기다리던 테티스는 세상을 다 얻은 것처럼 기뻤습니다. 게다가 아킬레우스는 무척이나 귀엽고 영리했습니다.

어느 날, 테티스는 아들의 미래가 궁금했습니다. 왜냐하면 테티스 자신은 바다의 여신이니 영원히 살 수 있지만, 아킬레우스의 아버지 펠레우스는 영원히 살 수 없는 인간이라 아킬레우스도 영원히 살 수 없었기 때문입니다. 테티스는 신전으로 가서 아킬레우스의 미래를 물었습니다.

“아킬레우스에게는 두 가지 길이 있다. 아킬레우스가 전쟁터에 나가면 엄청난 *명성을 얻지만 일찍 죽을 것이고, 그러지 않으면 건강하게 오래 살 수 있지만 아무런 명예도 얻지 못할 것이다.”

테티스는 걱정에 휩싸였습니다.

*명성 세상에 널리 퍼져 평판 높은 이름.

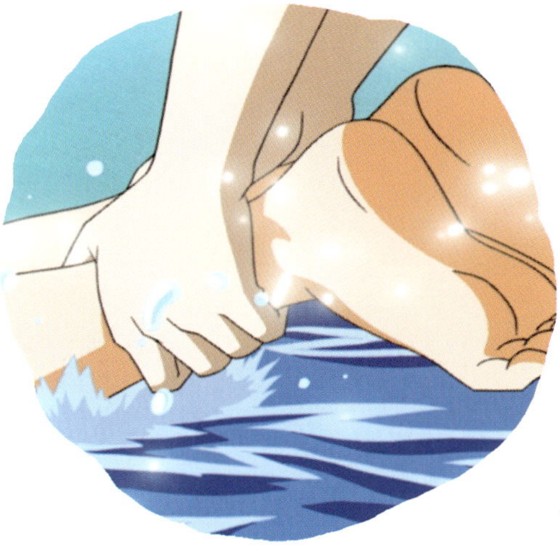

테티스는 아킬레우스가 죽는 것을 생각만 해도 끔찍했습니다.

'아킬레우스가 전쟁터에 나가지 못하게 할 거야. 그래도 혹시 모르니 죽지 않는 몸으로 만들어야겠다.'

테티스는 아킬레우스를 데리고 저승과 이승을 가로지르는 스틱스 강으로 갔습니다.

'여기에 몸을 담그면 절대 죽지 않을 뿐만 아니라 상처도 입지 않는다고 했어. 혹시 무슨 일이 있더라도 내 아들은 다치지 않을 거야.'

죽지 않는 몸을 갖게 된 아킬레우스

〈스틱스 강에 아킬레우스를 담그는 테티스〉 앙투안 보렐

테티스가 아킬레우스의 몸을 스틱스 강에 담그고 있어요. 물에 휩쓸리지 않도록 발뒤꿈치를 잡고 있지요. 그 까닭에 아킬레우스의 발뒤꿈치에는 스틱스 강물이 닿지 않았어요. 하지만 테티스는 그것을 대수롭지 않게 여겼지요.

테티스는 아킬레우스의 몸을 강물에 담갔습니다. 스틱스 강의 물살은 무척 거셌습니다. 그래서 테티스는 아킬레우스의 발뒤꿈치를 꼭 잡고 있어야 했습니다.

"엄마, 언제까지 이 강물에 몸을 담가야 해요?"

"조금만 더 있다 가자, 얘야."

테티스는 아들을 달랬습니다.

아킬레우스를 스틱스 강에서 꺼낸 테티스는 그제야 만족해 아들을 꼭 껴안았습니다. 그러고는 다시 궁전으로 돌아갔습니다.

2
전쟁 소식

"트로이 왕자 파리스가 스파르타 왕 메넬라오스의 아내
헬레네를 납치해 갔대. 우리 그리스가 가만있을 수 없지.
전쟁에 나갈 사람들을 모은다니 함께 가자."

아킬레우스는 교육을 받으며 훌륭하게 자랐습니다. 아들의 재능이 뛰어난 것을 안 테티스는 최고의 스승으로 손꼽히는 켄타우로스 족의 케이론에게 아들을 맡겼습니다.

케이론은 아폴론 신에게서 *의술과 음악을, 아르테미스 여신에게서 사냥술과 말 길들이는 법을 배웠습니다. 아킬레우스는 케이론에게서 이 모든 것을 배웠습니다.

'정말 뛰어난 아이야. 하나를 가르치면 열을 알아듣는군.'

덕분에 아킬레우스는 그리스 사람이라면 모르는 사람이 없을 만큼 이름이 났습니다.

*의술 병이나 상처를 고치는 기술. 또는 의학에 관련되는 기술.

위대한 스승 케이론

〈아킬레우스의 교육〉 제임스 배리

아킬레우스의 스승인 케이론은 켄타우로스 족 가운데서도 지혜롭기로 유명했어요. 그래서 훌륭한 스승으로 이름이 높았지요. 아킬레우스 말고도 이아손과 아스클레피오스가 케이론의 제자였다고 해요. 케이론은 죽지 않는 존재였는데 헤라클레스가 잘못 쏜 화살에 맞아 고통을 겪자, 자신의 죽지 않는 몸을 프로메테우스에게 주고서야 죽음을 맞이할 수 있었어요.

모두 아킬레우스가 그리스를 위해 큰일을 할 것이라고 기대했습니다.

테티스는 훌륭하게 자란 아들을 보자 기뻤습니다. 하지만 마음 한구석으로는 걱정이 가시지 않았습니다.

'전쟁터에 나가는 일은 없어야 할 텐데…….'

하지만 얼마 지나지 않아 그리스는 전쟁에 휘말렸습니다.

아킬레우스에게 전쟁이 일어날 것이라는 소식을 알려준 사람은 파트로클로스였습니다. 파트로클로스는 아킬레우스와 둘도 없는 친구였습니다.

"트로이 왕자 파리스가 스파르타 왕 메넬라오스의 아내 헬레네를 납치해 갔대. 우리 그리스가 가만있을 수 없지. 전쟁에 나갈 사람들을 모은다니 함께 가자."

파트로클로스와 아킬레우스는 둘 다 기운찬 청년들이며 모험을 꿈꾸었습니다.

"그래. 그리스를 대표해 우리가 빠질 순 없지!"

아킬레우스의 두 눈이 반짝였습니다.

그리스의 도시 국가

고대 그리스는 여러 도시 국가로 이루어져 있었어요. 메넬라오스 왕이 다스리던 스파르타도 그런 도시 국가 중 하나였지요. 프티아, 이타카, 미케나이, 아테나이 등이 모두 그리스의 도시 국가예요. 트로이 전쟁이 일어나자 메넬라오스 왕은 그리스의 여러 도시 국가들에 도움을 요청했고, 이 도시 국가들은 힘을 합쳐 그리스 연합군을 결성했지요.

트로이의 파리스가 스파르타의 헬레네를 데려간 이유를 알려면 아킬레우스의 부모인 펠레우스와 테티스가 결혼할 당시로 돌아가야 합니다. 결혼식 날 황금 사과를 놓고 헤라와 아프로디테, 아테나 여신 사이에 다툼이 벌어졌습니다. 황금 사과에 쓰인 글 때문이었습니다.

'가장 아름다운 여신께 바칩니다.'

세 여신이 서로 가장 아름답다며 주장하는 탓에 시끄러워지자, 제우스 신은 파리스를 불러 심판을 맡겼습니다. 아프로디테는 파리스에게 자신을 선택하면 세상에서 가장 아름다운 여인을 선물로

주겠다고 했고, 파리스는 아프로디테를 선택했습니다. 그런데 그 아름다운 여인이 바로 헬레네였던 것입니다. 헬레네는 이미 스파르타 왕의 아내였는데, 파리스는 헬레네를 데려가 버렸습니다. 전쟁에 나갈 생각을 하며 마음이 부푼 아킬레우스는 문득 어머니의 말이 떠올랐습니다.

"파트로클로스, 아무래도 난 참전하기 어려울 것 같아. 어머니께서 전쟁에는 절대 나가지 말라고 하셨거든."

파트로클로스는 실망했습니다.

“뭐라고? 그리스의 용감한 남자들이 다 나가는데 자네가 빠지겠다고? 할 수 없지. 아킬레우스한테는 어머니 말씀이 더 소중하니까.”

파트로클로스의 말에 아킬레우스는 자존심이 상했습니다. 아킬레우스는 벌떡 일어나 외쳤습니다.

“그렇지 않아. 나도 자네와 함께 전쟁에 나가겠네.”

아킬레우스는 집으로 가서 테티스에게 말했습니다.

"어머니, 전쟁에 꼭 나가고 싶습니다."

"고작 여자 하나 때문에 벌어진 전쟁에 나가겠다고? 안 된다. 나한테는 네 목숨이 훨씬 더 소중해."

테티스는 딱 잘라 말했습니다. 그런데도 아킬레우스가 고집을 꺾지 않자 고민에 빠졌습니다.

아들을 달래기도 하고 엄하게 화를 내기도 하고 눈물을 보이기도 했지만 소용이 없었습니다. 그러자 테티스는 아킬레우스를 여자로 변장시켜 리코메데스 궁전으로 보냈습니다.

한편 그리스의 장군 오디세우스는 전쟁에 참가할 줄 알았던 아킬레우스가 나타나지 않자 직접 아킬레우스를 찾아 나섰습니다. 오디세우스는 리코메데스 궁전으로 가서 여자로 변장한 아킬레우스를 알아보았습니다.

"아킬레우스, 곧 출발할 걸세. 마지막 기회이니 어서 우리와 함께 가세."

아킬레우스를 찾아낸 오디세우스

〈여장한 아킬레우스〉 폼페오 바토니

리코메데스 궁전에서 공주들은 모두 보석을 구경하느라 정신이 없어요. 왼쪽에 있는 한 여인만이 긴 칼을 빼 들고 있지요. 이 사람이 바로 여자로 변장한 아킬레우스랍니다. 오른쪽에는 아킬레우스의 정체를 알아챈 오디세우스가 아킬레우스를 눈여겨보고 있어요.

아킬레우스는 집으로 돌아와 부모님에게 결심을 말했습니다.
“저 혼자만 빠질 수는 없습니다. 저도 전쟁에 참가하겠습니다.”
펠레우스와 테티스는 아들을 막을 수 없다는 것을 깨달았습니다. 테티스는 아킬레우스의 손을 꼭 잡고 말했습니다.

“아들아, 걱정하지 마라. 누구든 너를 해치지 못하게 내가 지켜 줄 테니까.”

3
전쟁터에 나간 아킬레우스

아킬레우스가 온 것을 보고 그리스 군의
사기가 하늘을 찔렀습니다.
"아킬레우스가 왔다!"
"우리는 이 전쟁에서 꼭 승리할 것이다!"

"아킬레우스!"
멀리서 파트로클로스가 힘차게 손을 흔들었습니다.

"아킬레우스, 역시 올 줄 알았어. 뛰어난 장군들이 다 모이는데 네가 빠지면 안 되지. 잘 왔어! 오디세우스 장군이 직접 널 설득했다면서?"

"그래, 파트로클로스. 하지만 나도 사실 이 전쟁에 꼭 참여하고 싶었어."

파트로클로스와 아킬레우스는 앞으로 벌어질 일을 상상하며

기대에 부풀었습니다.

"자, 다들 배에 오르자. 자네가 왔다는 걸 병사들이 알면 기뻐할 거야."

오디세우스가 말했습니다.

이들은 곧 배에 올라탔습니다.

아킬레우스가 온 것을 보고 그리스 군의 사기가 하늘을 찔렀습니다.

"아킬레우스가 왔다!"

"우리는 이 전쟁에서 꼭 승리할 것이다!"

*총사령관은 아가멤논이 맡았습니다. 아가멤논은 파리스에게 아내 헬레네를 빼앗긴 메넬라오스 왕의 형이었습니다.

아가멤논이 외쳤습니다.

"자, 이제 준비가 다 됐다. 트로이 사람들에게 그리스의 용맹함을 보여 주자."

*총사령관 일정하게 큰 단위의 군대를 모두 지휘하는 사령관.

배는 트로이를 향해 나아갔습니다. 수많은 배와 *기세등등한 함성 소리로 바다가 시끄러웠습니다.

아가멤논의 딸 이피게네이아

트로이로 떠나는 그리스의 배가 순조롭게 출발한 것은 아니었어요. 바람이 전혀 불지 않아 도무지 출발할 수 없었답니다. 예전에 아가멤논이 아르테미스 여신의 분노를 산 일이 있는데, 화가 난 여신이 배가 떠나는 것을 방해한 것이지요. 아가멤논은 결국 딸 이피게네이아를 제물로 바쳤답니다. 훗날 이피게네이아는 아르테미스 여신의 사제가 되어요. 아가멤논의 용기를 인정한 아르테미스가 화를 풀자 그제야 배가 출발했다고 해요.

*기세등등하다 기세가 매우 높고 힘차다.

드디어 배가 트로이 땅에 닿았습니다. 그리스 병사들은 앞을 다투어 나갔습니다. 하지만 트로이 군이 쏜 화살을 맞고 우수수 쓰러졌습니다. 아킬레우스도 배에서 뛰쳐나가려 하는데, 파트로클로스가 붙잡았습니다.

"자네, 왜 그러는가?"

"먼저 *전사자를 낸 쪽이 승리한다는 신탁이 있었네. 혹시라도 자네가 첫 번째 전사자가 될까 봐 막은 것이라네."

"하지만 그럴수록 내가 나서야 하지 않겠나!"

"난 자네 부모님에게 부탁을 받았어. 전쟁터에서 자네는 무사히

*전사자 전쟁터에서 적과 싸우다 죽은 사람.

살아남아야 해. 앞으로 우리 그리스를 위해 큰일을 해야 한다고."

아킬레우스는 그제야 파트로클로스의 마음을 알았습니다. 하지만 눈앞에서 그리스 병사들이 힘없이 쓰러지는 것을 보자, 피가 솟구쳤습니다. 친구의 마음은 고마웠지만 비겁한 사람으로 남고 싶지 않았습니다.

아킬레우스는 땅에 발을 디뎠습니다. 비록 출발은 늦었지만 아킬레우스의 솜씨는 놀라웠습니다. 아킬레우스가 있는 곳에서는 트로이 병사들이 한 명도 살아남지 못했습니다.

트로이 군의 총사령관 헥토르는 *후퇴를 명령했습니다. 트로이 군은 성 안으로 들어가 문을 잠갔습니다.

아킬레우스는 분이 풀리지 않았습니다.

"비겁하구나, 헥토르. 나와 싸우자!"

하지만 헥토르는 꿈쩍도 하지 않았습니다. 그렇게 첫 전투가 끝났습니다. 첫 희생자는 그리스에서 나왔지만 전투에서 승리한 것도 그리스였습니다. 파트로클로스가 들은 신탁이 들어맞은 것입니다.

*__후퇴__ 뒤로 물러남.

4
아가멤논과의 다툼

아킬레우스는 밖으로 나가면서 외쳤습니다.
"그렇게 하십시오. 하지만 저는 앞으로
전투에 참가하지 않겠습니다. 내 배에 머물러 있다
며칠 뒤 그리스로 돌아가겠습니다."

전쟁은 좀처럼 끝나지 않았습니다. 헥토르가 성 안에 꽁꽁 틀어박혀 나오지 않았기 때문입니다. 그리스는 그동안 *진지를 쌓고 오랫동안 머물 준비를 했습니다.

물론 그동안에도 작은 전투는 끊임없이 벌어졌습니다. 아킬레우스는 단연 뛰어난 활약을 보였습니다. 트로이 병사들은 아킬레우스만 보면 꽁지를 빼고 도망쳤습니다.

"아킬레우스다, 어서 도망가자!"

그러니 아무리 아킬레우스라도 상대를 물리치기가 쉽지 않았습니다.

*진지 언제든지 적과 싸울 수 있도록 설비 또는 장비를 갖추고 부대를 배치해 둔 곳.

아킬레우스는 생각 끝에 아가멤논에게 말했습니다.

“트로이를 도와주는 나라들이 있습니다. 먼저 그 나라들부터 공격해 트로이의 힘을 빼는 게 좋겠습니다.”

아가멤논도 고개를 끄덕였습니다. 아킬레우스는 부하들을 이끌고 트로이를 돕는 나라들을 공격했습니다. 갑작스러운 공격에 그 나라들은 제대로 힘도 쓰지 못하고 무너졌습니다.

아킬레우스는 끌려온 *포로들을 보다가 걸음을 멈추었습니다. 아름다운 두 여인이 눈에 띄었습니다.

"그대들의 이름은 무엇인가?"

"제 이름은 크리세이스입니다."

"제 이름은 브리세이스입니다."

아킬레우스는 두 여인이 모두 마음에 들었습니다. 그래서 그들을 데려가려고 마음먹었습니다. 하지만 두 여인을 모두 차지하는 것은 지나치다는 생각이 들었습니다. 그래서 브리세이스는 자신이 데려가고, 크리세이스는 아가멤논에게 데려다 주기로 했습니다.

*포로 사로잡은 적.

총사령관 아가멤논은 크리세이스를 보고 무척 기뻐했습니다. 아킬레우스는 그러기를 잘했다는 생각이 들었습니다. 그즈음 아가멤논은 아킬레우스에게 딱딱하게 굴고 있었습니다. 자신이 총사령관인데도 아킬레우스의 명성만 높아지는 것이 거슬렸던 것입니다.

아가멤논의 마음을 어느 정도 눈치채고 있던 아킬레우스는 이것으로 두 사람의 관계가 좋아질 것이라 생각했습니다.

그런데 며칠 뒤 한 노인이 그리스 *진영으로 와서 아가멤논을 찾았습니다.

"당신이 데려간 크리세이스는 내 딸입니다."

"그런데?"

"나는 아폴론 신을 모시는 *신관이오. 나는 아폴론 신의 자손이고, 내 자식 또한 마찬가지라오. 아무리 전쟁에서 이겼다 할지라도 신관의 딸을 데려가는 법은 없습니다."

"허허, 딸을 돌려달라는 게로군. 그럴 수 없다."

"다시 한 번 부탁합니다. 내 딸을 돌려주시오."

*진영 군대가 진을 치고 있는 곳.
*신관 신을 받들어 모시는 일을 맡은 관직. 또는 그런 사람.

아가멤논은 노인의 말을 무시하고 끌어내게 했습니다. 병사들에게 끌려가면서도 노인은 말을 멈추지 않았습니다.

테티스의 신탁

아킬레우스를 전쟁터에 내보내기 전, 테티스는 아킬레우스의 운명에 관해 신탁을 들어요. 아킬레우스가 아폴론의 자식을 죽인다면 아킬레우스도 죽임을 당할 것이라는 내용이었지요. 테티스는 이를 막고자 아킬레우스에게 노예를 한 명 딸려 보내며 노예에게 아킬레우스가 아폴론의 자식을 죽이지 못하게 막는 임무를 주었어요. 그러나 전쟁 도중 아킬레우스는 아폴론의 아들 테네스를 죽이고 말지요. 아킬레우스는 어머니의 경고를 뒤늦게 깨닫고 테네스의 장례식을 성대히 치러 주어요. 그러나 그 뒤로 아폴론은 아킬레우스의 죽음에 큰 역할을 하지요.

"아가멤논, 내 딸을 돌려주지 않으면 아폴론 신이 가만있지 않을 것이오. 아폴론 신의 저주를 받고 싶소?"

하지만 아가멤논은 코웃음만 쳤습니다.

그날 밤, 노인은 아폴론 신에게 빌었습니다.

"아가멤논이 제 딸을 돌려줄 때까지 그들을 벌주십시오."

아폴론은 노인의 부탁을 들어주기로 했습니다. 신관을 *모욕하는 것은 결국 자신을 모욕한 것이니까요.

다음 날, 그리스 진영에는 신음 소리가 가득했습니다. 아가멤논은 부하를 보내 어찌된 일인지 살폈습니다.

*모욕 깔보고 욕되게 함.

"전염병입니다. 이대로 가다가는 많은 병사들이 목숨을 잃을 것입니다."

아가멤논은 가슴이 덜컥 내려앉았습니다.

'어제 그 노인의 말이 헛소리가 아니었구나.'

아가멤논은 장군들을 불러 회의를 열었습니다.

"갑작스러운 전염병이 돌아 병사들이 자리에 누웠소. 어쩌면 좋겠소?"

가장 먼저 나선 사람은 다름 아닌 아킬레우스였습니다.

"어제 아폴론 신을 모시는 신관이 왔다는 소식을 저도 들었습니다. 아폴론 신의 저주 때문인 것이 분명합니다. 그러니 방법은 하나뿐입니다. 신관의 딸 크리세이스를 돌려보내십시오."

아킬레우스의 말은 틀린 구석이 없었습니다. 하지만 아가멤논은 그렇게 하고 싶지 않았습니다.

아킬레우스에게는 브리세이스가 그대로 있는데, 자신은 돌려보내야 한다니 약이 올랐습니다.

아가멤논은 화를 억누른 채 말했습니다.

"크리세이스를 돌려보내겠소."

"잘 생각하셨습니다."

그때 아가멤논이 한마디를 덧붙였습니다.

"크리세이스를 돌려보낼 테니 아킬레우스가 데리고 있는 브리세이스를 내게 주시오."

아킬레우스는 화가 나서 소리를 질렀습니다.

"총사령관을 위해 지금껏 열심히 싸웠는데 브리세이스를 달라고요? 지금 말이 된다고 생각하십니까?"

하지만 아가멤논은 물러서지 않았습니다. 지켜보던 다른 장군들은 두 사람의 눈치만 살폈습니다.

보다 못한 오디세우스가 입을 열었습니다.

“아킬레우스, 총사령관의 말대로 하게나. 무엇보다도 전쟁에서 이기는 게 중요하니 말이야.”

아킬레우스는 밖으로 나가면서 외쳤습니다.

“그렇게 하십시오. 하지만 저는 앞으로 전투에 참가하지 않겠습니다. 내 배에 머물러 있다 며칠 뒤 그리스로 돌아가겠습니다.”

아가멤논도 맞받아쳤습니다.

“갈 테면 가게나. 자네가 없으면 못 싸울 줄 아는가?”

한편 신들에게도 이 전쟁은 흥밋거리였습니다. 올림포스의 신들은 모이기만 하면 트로이 전쟁 이야기로 시간 가는 줄 몰랐습니다. 헤라와 아테나 여신은 그리스 편을 들었습니다.

"아프로디테가 파리스에게 아름다운 여인을 선물로 준다고 약속해서 이 전쟁이 벌어졌어요. 그리스가 억울하게 헬레네를 빼앗겼으니, 그리스가 이겨야 하지 않겠어요?"

아프로디테도 지지 않았습니다.

"파리스가 저를 가장 아름다운 여신으로 뽑은 것이 아직도 못마땅한가 보군요. 신들은 *정정당당해야 합니다. 감정을 앞세워

*정정당당하다 태도나 수단이 정당하고 떳떳하다.

한쪽 편을 들다니요."

여신들의 뜻이 갈리자 남신들도 나뉘었습니다. 아프로디테를 좋아하는 아레스는 트로이 편을 들었고, 포세이돈은 그리스 편을 들었습니다. 아폴론은 그때그때 살펴 옳다고 생각되는 쪽을 편들었습니다.

신들의 왕 제우스는 한 걸음 물러나 있었습니다. 자신이 나서면 더 시끄러워질 것이 뻔했기 때문입니다.

'트로이 왕 프리아모스는 참 괜찮은 사람인데.'

하지만 머릿속 생각일 뿐 입 밖으로 내놓지는 않았습니다.

아킬레우스가 빠진 채 전투가 시작되었습니다. 그리스는 번번이 졌습니다. 테티스가 제우스에게 부탁을 했던 것입니다.

"그리스 총사령관 아가멤논은 제 아들을 모욕했습니다. 감히 신의 아들을 모욕하다니 괘씸합니다. 큰 패배를 맛봐야 정신을 차릴 겁니다."

한편 아가멤논은 장군들을 불러 의견을 물었습니다.

"우리 그리스가 이렇게 패배하다니 믿을 수 없소. 우리 실력이 이것밖에 안 된단 말이오?"

오디세우스가 나섰습니다.

"우리는 지금 실력을 다 발휘하지 못하고 있습니다. 아킬레우스가 전투에 참가하지 않으니 말입니다."

다른 장군들도 잇달아 맞장구를 쳤습니다. 그러자 아가멤논도 어쩔 수 없었습니다.

"그러면 어떻게 하는 것이 좋겠소? 아킬레우스는 고집이 세어 좀처럼 생각을 바꾸지 않는다던데……."

"브리세이스를 다시 아킬레우스에게 보내십시오."

"브리세이스를?"

"그 방법밖에 없습니다."

아가멤논은 한숨을 쉬었습니다. 하지만 장군들 말대로 아킬레우스가 없이는 전쟁에서 이기지 못할 것 같았습니다. 아가멤논은 아킬레우스에게 사람을 보내 브리세이스를 돌려보내겠다고 전했습니다.

하지만 아킬레우스는 고집을 꺾지 않았습니다.

"불리해지니까 내게 다시 브리세이스를 보낸다고? 이랬다저랬다 하는 총사령관 밑에서 일할 생각은 없소. 나는 그리스로 돌아가겠소."

아킬레우스의 결심은 돌처럼 단단했습니다. 아가멤논은 결국 아킬레우스 없이 전쟁을 치르기로 했습니다.

"배 주위에 *방벽을 쳐라."

그리스 병사들은 방벽을 치고 열심히 싸웠습니다. 하지만 제우스가 편드는 트로이를 이길 수는 없었습니다. 트로이 군은 그리스 배에 불을 지르고 공격을 퍼부었습니다. 그러자 이를 지켜보던 포세이돈이 나섰습니다.

***방벽** 밖으로부터 쳐들어오는 것을 막으려고 쌓은 벽.

'이건 너무 심하잖아. 아무래도 나는 그리스를 도와야겠다.'

포세이돈은 병사로 모습을 바꿔 그리스 군에 나타났습니다.

"자, 힘을 모읍시다. 우리가 이길 수 있습니다."

자신감 넘치는 목소리에 그리스 군은 힘을 얻었습니다. 그리스 군이 힘을 내자 이번에는 트로이가 밀리기 시작했습니다.

트로이의 총사령관 헥토르는 병사들을 격려했습니다.

"물러나지 마라. 신들은 우리 편이다."

기세가 하늘 끝까지 오른 트로이 군은 그리스의 장군들을 하나 둘 쓰러뜨렸습니다. 전쟁은 그리스 쪽에 불리하게 돌아갔습니다.

신화 뒷이야기

OLYMPUS GUARDIAN

아킬레우스와 오디세우스가 나오는 '트로이 전쟁'은 과연 신화 속의 이야기일 뿐일까요? 아니면 실제로 있었던 이야기일까요? 호메로스가 쓴 《일리아스》와 《오디세이아》는 트로이 전쟁의 두 주인공인 아킬레우스와 오디세우스의 이야기를 엮은 것입니다. 워낙 흥미진진하고 상상력을 자극하는 요소가 많아 이 전쟁에 얽힌 문학 작품은 그 후로도 셀 수 없이 많이 나왔습니다. 그리고 어느 이야기 하나 평범하지 않았지요. 상상도 할 수 없는 괴물이 나오거나 인간의 능력을 뛰어넘는 영웅들이 심심치 않게 등장하곤 했으니까요.

따라서 후대의 사람들은 트로이 전쟁이 상상 속의 전쟁일 것이라고 추측했습니다. 하지만 1870년 무렵 하인리히 슐리만이라는 사람이 '트로이 전쟁은 실제로 일어난 것'이라고 주장하며 유적을 발굴하기 시작했고, 실제로 그리스와 트로이 간의 전쟁이 벌어진 흔적이 발견되었습니다. 그러면서 트로이 전쟁이 실제로 일어난 사건이라는 의견에 무게가 실리기 시작했습니다.

트로이 전쟁 이야기는 단순한 전쟁 이야기만이 아닙니다. 불화의 여신 에리스가 던져 준 황금 사과에서 시작된 질투와 욕망 같은 감정에서부터 오디세우스, 아킬레우스, 아가멤논처럼 다양한 인물들의 성격과 행동을 통해 당시 사람들의 생각과 생활상을 한눈에 알아볼 수 있게 해 준 이야기라고 할 수 있습니다.

신화를 단순히 재미있는 옛이야기가 아닌 당시 사람들의 생각을 담은 작품으로 본다면, 이처럼 많은 것들을 얻을 수 있을 것입니다.

올림포스 신들의 계보

크로노스 + 레아
하데스
지하 세계의 왕
포세이돈
바다의 신
제우스
신들의 왕
헤라
신들의 여왕,
제우스의 아내
헤스티아
난로 · 불의 여신
데메테르
대지의 여신
아테나
지혜 · 전쟁의 여신
제우스 + 메티스
아폴론
의술 · 음악의 신
제우스 + 레토
아르테미스
사냥 · 순결의 여신
아스클레피오스
의술의 신
아레스
전쟁의 신
제우스 + 헤라
헤파이스토스
대장간의 신
제우스 + 디오네
아프로디테
헤파이스토스의 아내,
미의 여신
에로스
사랑의 신
헤르메스
신들의 전령,
상업의 신
제우스 + 마이아
디오니소스
술의 신
제우스 + 세멜레
페르세포네
하데스의 아내
지하 세계의 여왕
제우스 + 데메테르

그리스 로마 신화 주요 인물의 이름

그리스 어	로마 어	영어
가이아	텔루스	
니케	빅토리아	나이키, 빅토리
데메테르	케레스	세레스
디오니소스	바쿠스	바커스
레아	키벨레	시벨레
아레스	마르스	마스
아르테미스	디아나	다이애나
아테나	아테네, 미네르바	
아폴론	아폴로	아폴로
아프로디테	베누스	비너스
에로스	쿠피드, 아모르	큐피드
오디세우스	울릭세스	율리시스
우라노스	카일루스	유러너스
제우스	유피테르	주피터
크로노스	사투르누스	새턴
페르세포네	프로세르피나	
포세이돈	넵투누스	넵튠
하데스	플루톤	플루토
헤라	유노	주노
헤라클레스	헤르쿨레스	허큘리스
헤르메스	메르쿠리우스	머큐리
헤스티아	베스타	
헤파이스토스	불카누스	벌컨

그리스 로마 신화 올림포스 가디언 53
죽지 않는 인간, 아킬레우스

펴낸이 양원석
펴낸곳 (주)알에이치코리아
등록 2004년 1월 15일 제2-3726호
주소 서울특별시 금천구 가산디지털2로 53, 20층 (한라시그마밸리)
문의전화 02)6443-8800

ISBN 978-89-255-4373-4(74800)
ISBN 978-89-255-4354-3(세트)

값 **12,800원**

원작 만화로 보는 그리스 로마 신화(가나출판사)
이광진 엮음, 홍은영 그림
명화 구입처 유로크레온(주)